NOUVEAU MANUEL

THÉORIQUE ET PRATIQUE

DU

JEU DE DAMES

A LA POLONAISE.

PARIS. — TYPOGRAPHIE PLON FRÈRES,
36, rue de Vaugirard.

NOUVEAU MANUEL

THÉORIQUE ET PRATIQUE

DU

JEU DE DAMES

A LA POLONAISE,

PAR

G. GRÉGOIRE,

MEMBRE DE PLUSIEURS SOCIÉTÉS.

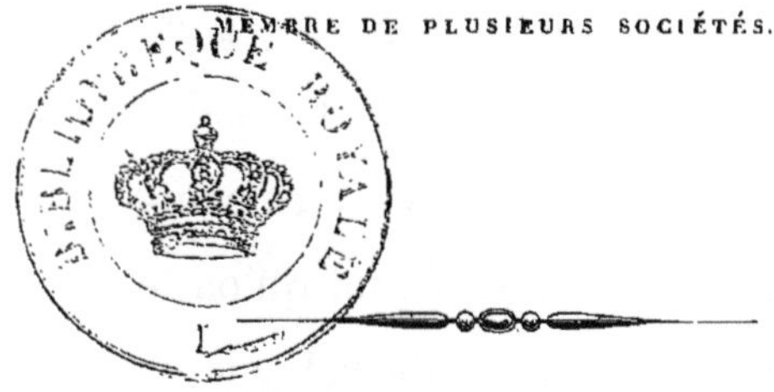

PARIS.

PELTIER, ÉDITEUR,

RUE AUMAIRE, 51

1847

AVANT-PROPOS.

On n'est pas bien d'accord sur l'origine du jeu
de dames à la polonaise, ni même sur le motif de
cette dernière qualification, qui, je suppose, a été
ajoutée sur le moindre prétexte, afin de le distinguer du jeu de dames à la française, dont les combinaisons lui sont inférieures ; car, si, tel qu'on le
joue aujourd'hui, il avait été apporté de Pologne, la
date n'en serait pas assez reculée, puisqu'on ne le
connaît que depuis environ cent cinquante ans,
pour que la certitude du fait ne nous fût bien
acquise.

En publiant un manuel disposé en tableaux mo-
biles, mon but a été de le mettre à toute main :
en société, les joueurs peu avancés s'exerceront sur

les tableaux de la première partie ; — les joueurs habiles trouveront leur amusement dans la seconde partie, comprenant 162 coups ; — et enfin la troisième servira de délassement à ceux qui aiment la partie *qui perd gagne*.

Si cette faible production est favorablement accueillie, je donnerai l'an prochain une suite disposée de la même manière, dans laquelle on trouvera des parties entières exécutées entre joueurs de première force.

Comme il s'élève fréquemment des discussions, entre les commençants, sur l'exécution de certains coups, j'ai pensé qu'il ne serait point mal à propos de mettre en petit format, pour être vendu séparément, le texte du nouveau manuel, donnant les règles et la solution de tous les cas difficultueux.

Dans le petit manuel, j'ai inséré les deux coups qui sont sur la couverture du grand, présentant des résultats diamétralement opposés.

NOUVEAU MANUEL

THÉORIQUE ET PRATIQUE

DU

JEU DE DAMES

A LA POLONAISE.

Instructions préliminaires.

On joue à deux le jeu de dames à la polonaise sur un damier de cent cases, dont moitié blanches et moitié noires. En France, en Belgique et en Angleterre, il est d'usage de placer les pions sur les cases blanches ; en Allemagne, en Hollande et en Russie, on les place sur les cases noires.

La ligne qui traverse diagonalement le damier dans toute sa longueur, quelle que soit la couleur qu'on adopte, doit toujours être à la gauche du joueur.

Les pions doivent être de deux couleurs, ordinairement blancs et noirs ; chaque joueur en a vingt qui passent de l'un à l'autre à la partie suivante. On couvre les quatre premiers rangs qu'on a devant soi ; les deux rangs qui restent alors libres

1.

au milieu des deux camps sont le champ sur lequel commence la manœuvre.

Les anciens ouvrages ayant donné aux pions noirs les cases numérotées de 1 à 20, et aux blancs celles portant les numéros de 31 à 50, nous conservons le même ordre. Les pions blancs vont à dame sur les cases 1, 2, 3, 4 et 5; les noirs vont damer sur les cases 46, 47, 48, 49 et 50. On distingue les dames en doublant le pion, ce qu'il ne faut pas oublier lorsqu'on opérera d'après la table analytique, car, sans cette attention, ne pouvant leur faire parcourir les lignes selon leur marche, le résultat des coups serait manqué.

Les blancs commencent toujours et battent constamment les noirs.

Le numéro du tableau correspondant à celui de l'analyse de chaque coup rend facile à tout le monde l'intelligence du Manuel.

A la suite des instructions générales on a mis un damier numéroté dans l'ordre que doivent avoir les 50 cases blanches, et comme il faudrait numéroter les noires si on voulait placer les coups sur cette couleur.

On demande souvent s'il y a avantage à jouer

premier. Non ; celui qui joue second a un temps de plus, aussi le joueur qui reçoit **avantage** joue le premier à toutes les parties.

Faire avantage d'un demi-pion, c'est donner un pion sur deux parties. Faire avantage de la remise, c'est reconnaître perdues toutes les parties remises.

Si un joueur donne à l'autre pour avantage la moitié, le tiers ou le quart de la remise ou du pion, il résulte pour tous deux l'obligation de jouer deux, trois ou quatre parties, afin de remplir la convention. Ces parties n'en sont proprement qu'une alors ; c'est pourquoi, si l'on donne la revanche, il faut encore jouer le même nombre.

Jouer en partie liée entend qu'il faut le premier avoir gagné deux parties sans avoir égard aux parties remises.

Règles du jeu de dames à la polonaise.

Art. 1er. Chacun joue à son tour, et, si on joue à but, on commence alternativement la partie ; au cas contraire, celui qui fait avantage joue toujours le second.

Art. 2. Sitôt la partie engagée, une pièce touchée doit être jouée si elle est jouable ; de là vient la maxime : *Dame touchée, dame jouée.* Mais, tant qu'on la tient, on peut la placer où l'on veut. Quand une pièce est mal casée, si on la touche pour l'arranger il faut dire : J'adoube.

Art. 3. Jouer un pion de son adversaire ou toucher une pièce qui ne peut être jouée n'est pas une faute. Mais, si on se trompe de ligne, l'adversaire peut à son choix maintenir le coup ou le faire rejouer.

Art. 4. Le pion n'avance que d'une case, soit à droite, soit à gauche ; mais il fait deux pas autant de fois qu'il a de pièces à prendre, et dans ce cas seulement il marche en arrière.

Art. 5. La dame marche en avant, en arrière, et peut parcourir toute la ligne et être placée au gré du joueur sur l'une des cases vides.

Art. 6. Lorsqu'un pion se trouve isolé sur la ligne qu'occupe une dame, il est en prise.

Art. 7. Un pion doit prendre un pion ennemi si celui-ci le touche et se trouve isolé ; il doit prendre également tous les pions ou dames ennemis qui ne sont séparés du premier et entre eux que par une seule case vide.

Art. 8. Si on prend avec une dame, on marque les temps de prise sur autant de pièces qu'il s'en trouve d'isolées et séparées l'une de l'autre par une ou plusieurs cases vides : alors seulement on enlève les pièces qui doivent être prises. Autrement on en prendrait souvent plus qu'il n'en reviendrait.

Art. 9. On peut faire passer plusieurs fois la pièce qui prend sur la même case vide, mais non sur le même pion ou sur la même dame.

Art. 10. Quand par méprise on a enlevé ses propres pièces, on ne peut plus les replacer si l'adversaire s'y refuse.

Art. 11. Ayant à prendre de deux côtés à nombre égal, on a le choix, sinon c'est du côté du plus fort nombre : la valeur de la pièce est sans poids dans la prise ; par exemple, si on a à prendre une dame d'un côté et un pion de l'autre, on prend à sa convenance. S'il en était autrement, on serait forcé de prendre une dame en prise plutôt que deux pions également en prise, puisqu'une dame vaut trois pions. C'est ainsi que nous devons interpréter les anciennes règles qui disent qu'on doit prendre du côté du plus fort.

Art. 12. Il ne faut pas négliger d'enlever exactement toutes les pièces qu'on a à prendre, car l'adversaire peut non-seulement empêcher de les reprendre après coup, mais il est encore en droit de souffler la pièce qui a marqué les temps de prise.

Art. 13. Souffler c'est enlever du damier comme bonne prise une pièce, dame ou pion, qui n'a pas marqué et pris tout ce qui devait l'être. Après avoir soufflé, on joue son coup comme à l'ordinaire, car souffler n'est pas jouer.

Art. 14. On est libre de souffler ou de forcer à prendre. Si on souffle, le coup reste tel a qu'il été joué ; si on ne le fait pas, les choses demeurent telles qu'elles sont, et on continue à jouer. Enfin, on peut encore forcer son adversaire à prendre et à rejouer son coup en règle, si toutefois la pièce soufflable n'a pas été touchée par le joueur qui a le droit de souffler ; car dans ce cas, celui-ci ne peut se dispenser de le faire d'après la règle : *Dame touchée, dame jouée.*

Art. 15. Un pion devient dame dès qu'il arrive sur une des cinq cases qui se trouvent immédiatement devant l'adversaire ; celui-ci doit aussitôt le couvrir d'un pion de même couleur pris dans le tiroir ; mais il ne suffit pas qu'un pion passe en marquant des temps de prise sur une de ces cinq cases, il faut encore qu'il y demeure par la fin d'un coup, sans quoi il continue sa marche et reste pion.

Art. 16. Jouant à but, si l'un des adversaires reste avec une dame et occupe la grande ligne contre trois dames, la partie est remise. On joue quinze coups si celui qui a trois dames tient la grande ligne; la partie est remise après ce terme. Quand l'un des joueurs n'a qu'une seule dame contre une dame et deux pions, il a le droit de damer les deux pions et de commencer à compter les 15 coups de rigueur. Le joueur qui fait avantage compte 20 coups au lieu de 15. (*Nota*. Les anciennes règles portent à 24 le nombre de coups que peut exiger celui qui fait avantage, mais la nouvelle académie des jeux n'en accordant que 20, et pour éviter des contestations, nous adoptons ce dernier chiffre.)

Observations sur la manière d'engager la partie.

Après avoir rapporté les règles du jeu de dames adoptées jusqu'ici, nous allons donner quelques instructions sur la manière d'engager la partie.

Il faut autant que possible occuper le centre du damier en inclinant vers le côté droit de l'adversaire, où l'on parvient plus facilement à dame que du côté de la grande ligne. C'est là le principe ; mais de l'attaque dépend la conduite.

Le pion de la case 3 ou 48 ne doit pas être joué légèrement ; déplacé dès les premières évolutions, il donne ouverture aux coups de dame, et, en tous cas, affaiblit les moyens de défense.

En commençant à prendre position, il est mieux de jouer le pion 47 que le 46 à la case 41, ou le 4 que le 5 à la case 10 : on a plus de force pour l'attaque et plus de moyens de se défendre si l'adversaire dirige ses forces sur ces points-là. Dans ce dernier cas, il faut avoir attention de ne pas se laisser enfermer, car il s'ensuivrait la perte d'un pion.

Il est remarquable que les joueurs de moyenne force partagent leurs pions sur les côtés, s'imaginant être moins exposés aux atteintes de l'ennemi ; mais diviser ainsi ses forces au lieu de les tenir réunies, c'est s'exposer à voir son adversaire manœuvrer et triompher pour ainsi dire sans combat ; le jeu du centre paralysera généralement les masses entassées à droite et à gauche.

Cependant il est des joueurs de grande force, ceux qui visent aux coups, de préférence au jeu de position, qui prennent volontiers les côtés du damier, surtout s'ils font avantage, trouvant de cette manière plus de facilité à tendre des piéges ; ils ont d'ailleurs mille moyens de se dégager s'ils craignent de se trouver compromis ; mais, entre deux bons joueurs, le jeu de position l'emportera sur le jeu de coups, parce qu'il est toujours douteux qu'un coup réussisse comme on l'espère, et que pour l'attendre il est rare qu'on ne pousse pas quelques pions à l'aventure, surtout si l'adversáire s'est aperçu de l'intention et a reconnu le piége.

On doit viser constamment à prendre position, c'est-à-dire avancer et contenir les forces ennemies, soit générales, soit partielles, avec un nombre de pièces inférieur aux leurs, afin de gagner des temps, ou de les forcer à un sacrifice pour se dégager.

Pionner en arrière sans nécessité est une faute, même de la part de celui qui reçoit avantage : on ne le doit faire que pour parer un coup ou en disposer un soi-même, quelquefois pour conserver une position ; autrement c'est donner du champ à l'ennemi et l'aider dans ses attaques. Il n'en est pas de même d'un *tant* pour *tant* fait à propos ; par ce moyen on change toute une position, on fortifie le côté faible, on enferme des pions ennemis, on prépare un coup : il s'agit de saisir le moment. Pionner sans raison prouve absence d'idées, et au jeu de dames les idées doivent se succéder sans cesse.

Savoir amener le coup du repos est un grand avantage. On nomme ainsi une position dans laquelle l'un des joueurs se trouve avoir à prendre plusieurs fois de suite, et par conséquent, l'adversaire à jouer librement et sans obstacle. Tandis que le premier fait des prises, le second prépare un coup qui souvent détermine le gain de la partie. (Voir le coup n° 120, il présente un triple coup de repos ; ce coup fut fait entre M. Éverat et l'auteur.)

En plaçant un pion dans une lunette (deux pièces isolées de même couleur séparées par une seule case), on gagne nécessairement une pièce, mais on donne un temps de repos à son adversaire, et même deux si on a joué une dame ; il faut donc bien examiner l'état des choses avant que de s'y engager.

Si, à la fin d'une partie, on reste avec une dame et un pion contre trois dames, il faut se débarrasser du pion qui, dans ce cas, est nuisible. Comme le joueur qui n'a qu'une dame contre une dame et deux pions a le droit de damer les deux pions, afin de compter aussitôt les 15 coups de rigueur,

il doit, avant de le faire, reconnaître si les trois dames ne se trouveront pas à l'instant même en position de gagner ; car, une fois les pions doublés,
le coup fatal serait valable.

Crainte d'un coup, ne pas jouer un pion qui sem-
blerait de bonne position, c'est renoncer à deve-
nir fort : après avoir examiné s'il y a danger, il
faut jouer le pion, dût-on perdre la partie.

On doit s'appliquer à bien jouer le pion, à ne le
faire marcher qu'avec intention, soit pour préparer
un coup ou pour gêner son adversaire ; les idées
seront rétives d'abord, puis l'habitude les fera naître, et le génie du joueur, opérant à l'aise, produira
des problèmes tels qu'en ont laissé Manoury, Blonde,
Lamontagne et le Hollandais.

Nous avons souvent fait une partie qui exerce
singulièrement l'imagination, mais il faut être déjà
d'une certaine force ; c'est celle où le premier qui
arrive à dame a gagné, quelque sacrifice qu'il ait
fallu faire pour cela. Une autre partie intéressante
est celle de la dame damée, c'est-à-dire où l'un
des joueurs a une dame en commençant la partie,
moyennant un ou deux pions suivant la différence
des forces.

Parmi les joueurs actuels de grande force nous devons distinguer le jeu vif et brillant de MM. Hennequin et V. Ducrocq ; le jeu solide et posé de MM. Étienne, Largeteau, Lucin, Frari, Lemoine-Tacherat, Margueron et Seguin. Quand on aura acquis une certaine force, on fera bien de rechercher la partie de MM. Foulonneau et Altroff, deux rivaux qui triompheraient l'un de l'autre s'ils savaient résister à la perte d'une partie... ; dans le jeu de MM. Victor Patot, Bance, Nathan et Guyot, on reconnaît de l'esprit et de la méthode. Tous ces messieurs se réunissent habituellement au café Manoury, quai de l'Ecole, et au café Poissonnière, coin du faubourg et du boulevard.

Dans nos voyages d'affaires en France et à l'étranger, nous avons rencontré de bons joueurs : au Havre, M. Avoy, fabricant de voiles ; à Metz, M. X. ; on cite à Marseille MM. Louis, Molinary, Loizel, Chevalier, Nicolas, Magnan, Raoul et Gaston de Flotte : M. Louis est, nous assure-t-on, de toute première force ; à Toulouse, M. Rey, avocat ; à Saint-Étienne, M. Meunier, avocat ; à Bordeaux, M. de Ségur ; les meilleurs joueurs de Lyon sont MM. Pétrus Rambaud, Robert, Dumortier, Witon et Jean de Vaise. Nous ne devons pas oublier M. Brudo, à Alger, et M. Ciacaldi, à Bastia.

Nous serions heureux d'avoir l'assurance de faire quelque jour la partie de ces messieurs ; cependant, grâce à la facilité des voyages, nous espérons ce plaisir.

En Hollande on joue beaucoup et bien aux dames ; en Allemagne, passablement ; en Belgique nous citerons et mettrons en première ligne : à Bruxelles, MM. Sachman, Bernard, Van Dyck et Mathieu ; M. de Meulenaere, président du cercle d'Anvers dont nous avons l'honneur d'être membre, et M. de Strooper ; à Ostende, M. Belleroche : à Louvain, Namur, Mons et Gand, nous avons fait la partie avec de bons joueurs.

A Londres nous n'avons rencontré que M. Gérard.

On nous a parlé d'un Russe et d'un Américain comme étant fort habiles ; nous le croyons d'autant plus volontiers que c'est un Américain qui, un jour du temps de Lamontagne, posa un problème au café Manoury, promettant une prime de 600 fr. à celui qui en donnerait la clef. Lorsqu'il revint l'année suivante, personne ne l'avait trouvée. Toutefois il est des joueurs qui, sans être de première force, composent de fort jolies choses : MM. E..., Dufour et Commart, que nous avons beaucoup connus et qui ont écrit sur le damier, n'étaient, les deux premiers, que de seconde force, et le dernier pas même de troisième.

En Égypte, Méhémet-Ali passe pour le plus fort joueur de dames de ses États : il ne dédaigne pas de faire sa partie avec un simple soldat, si celui-ci a de la réputation.

Il n'est pas sans intérêt de rapporter ici que Napoléon, à certaine époque, prenait ses délassements au café Militaire entre le jeu de dames et le jeu d'échecs.

Le moyen de faire des progrès rapides est de jouer avec plus fort que soi ; et lorsqu'on reconnaît qu'une partie perdue aurait pu être jouée de plusieurs manières, on ferait bien d'en prendre note et de la repasser à tête reposée. Beaucoup de joueurs d'échecs procèdent de la sorte. Il est vrai qu'aux échecs la plupart des parties se passent en échange de pièces, et sont résolues par des temps bien joués : là le combat a lieu corps à corps, pas à pas, l'attaque est toujours évidente et dévoile peut-être trop l'intention du joueur. C'est le caractère des anciens combats à l'arme blanche. Les dames représentent mieux la tactique moderne, les manœuvres sont plus mystérieuses ; un pion imprudemment joué donne lieu à un coup brillant qui décide de la partie. La même chose arrive bien aux échecs où le roi est surpris au milieu de ses gens, mais c'est moins fréquent.

Aux échecs, l'esprit est soutenu dans ses combinaisons par la diversité des pièces ; et, bien que leur marche soit plus compliquée qu'aux dames, les débutants y font plus vite des progrès. Il en est qui, après un mois d'étude, ont atteint le degré de force qu'ils ne dépasseront pas. Jean-Jacques dit quelque part avoir acquis toute sa force en quinze jours. Le jeu de dames ne permet pas cette facilité. Ici au contraire toutes les pièces se ressemblent, et, pour saisir toute la portée d'un coup, il faut, de tête, enlever celles qui se trouvent perdues dans l'exécution de ce coup, et reconnaître ce qui reste de part et d'autre.

Ce qui ferait croire que le champ des échecs est moins vaste que celui des dames, c'est que Philidor et de nos jours M. de La Bourdonnaie pouvaient conduire de mémoire plusieurs parties à la fois, et gagnaient des joueurs de seconde force auxquels ils ne rendaient que le pion et le trait. Aux dames, il serait impossible de jouer ainsi le quart seulement d'une partie. Philidor, qui était presque aussi fort aux dames qu'aux échecs, essaya de jouer de mémoire une partie de dames; mais, après 12 ou 15 coups, il dut y renoncer.

Et, en effet, de quelle organisation ne faudrait-il pas être doué pour exécuter de mémoire la partie très-simple en apparence du tableau n° 33. Il y a 16 pions de chaque côté; on en est encore aux premières évolutions, et pourtant, par un coup de 11 temps, on arrive à dame. L'exécution de ce coup enlève 22 pions. Avant de procéder il a fallu voir en quel état se trouveraient les 10 pièces restantes, et d'autant plus y regarder que, sans un pion resté isolé, la dame serait prise immédiatement et la partie perdue. Ce n'est pas tout : après avoir damé, il faut encore jouer justes une quinzaine de temps pour gagner la partie. Comment prévoir tout cela sans le secours de la vue? Cette partie a été gagnée par l'auteur contre un joueur de première force en Belgique.

Quoi qu'il en soit, les échecs et les dames sont de fort beaux jeux, dont la pratique exerce l'esprit et lui rend faciles d'autres études d'une application utile ; ils sont d'un grand secours contre l'ennui des traversées marines, des grandes veillées et des longs séjours à la campagne ; mais, par-dessus tout, ils se distinguent des autres jeux en ce que le plaisir qu'on y prend éloigne l'idée de tout intérêt d'argent.

On a inséré dans ce manuel quelques coups provenant de joueurs de grande force avec la plupart desquels l'auteur a fréquemment fait la partie tant à Paris qu'à l'étranger. De ce nombre sont MM. Blonde, Chalon, Lanoe, Ardenpont, Wolff aîné, Dufour, Éverat, le chevalier Simon en Belgique, et le célèbre Fanemd d'Amsterdam.

La première partie de cet ouvrage est formée de coups simples et faciles pour l'étude des joueurs peu exercés qui se rebuteraient bientôt s'ils n'avaient à résoudre que des combinaisons de première force ; la seconde renferme des coups et problèmes de la plus grande difficulté ; la troisième et dernière traite succinctement de la partie qui perd gagne.

2.

Observations sur la partie qui perd gagne.

La partie qui perd gagne se joue sur le même casier et avec le même nombre de pions qu'au jeu de dames à la polonaise. Celui qui a le plus tôt donné tous ses pions ou qui en a d'enfermés, de manière qu'ils ne puissent être joués, gagne la partie.

Les règles sont les mêmes que pour la partie ordinaire.

On comprend mal en général cette partie, qui donne lieu à de jolies choses, lorsqu'elle est engagée entre joueurs qui savent ménager leurs pièces. Au lieu de donner d'abord le plus de pions qu'on peut, il faut au contraire les conserver et tâcher de ne pionner, ou laisser pionner, qu'autant que l'adversaire en perd plus qu'il n'en prend. Par ce moyen on gagne des temps sur lui, on dispose ses pièces pour tout donner d'un coup s'il est possible; mais, tant que ce résultat n'est pas aperçu, il faut s'abstenir d'attaquer ou de donner à prendre. Un joueur bien exercé doit presque toujours trouver moyen de donner tout d'un trait, dès qu'il ne lui reste plus qu'une douzaine de pièces.

Celui qui parvient à enfermer un pion ennemi
doit savoir en profiter, et manœuvrer de manière
à faire prendre sans désemparer toutes ses pièces
libres. Si de 15 à 16 pions on voit jour à en donner
14 ou 15, il faut bien se garder de le faire, car le
seul restant ferait perdre la partie : c'est ce que
prouverait admirablement M. le vicomte de Leyris,
fort aux deux jeux, mais qui excelle à celui-ci.

DAMIER

DONT LES CASES SONT NUMÉROTÉES DANS L'ORDRE ADOPTÉ
POUR L'EXÉCUTION DES COUPS.

1	2	3	4	5
6	7	8	9	10
11	12	13	14	15
16	17	18	19	20
21	22	23	24	25
26	27	28	29	30
31	32	33	34	35
36	37	38	39	40
41	42	43	44	45
46	47	48	49	50

Dans l'exécution des coups, le point • placé devant un numéro indique une Dame ; la Dame noire est ainsi désignée ⊙ ; la Dame blanche ◯.

TABLE D'EXÉCUTION.

COUPS SIMPLES ET FACILES QUI SE PRÉSENTENT SOUVENT OU LEURS ANALOGUES.

Ces premières idées en feront naître de plus élevées.

Les blancs commencent toujours et gagnent constamment.

Le point · placé devant un numéro indique que c'est une Dame.	Il faut avoir attention de doubler le pion qui va à Dame.

Première Partie.

Les blancs jouent de	Les noirs jouent de		Les blancs jouent de	Les noirs jouent de
1			**4**	
29 à 23	18 à 40		23 à 18	12 à 23
39 34	40 29		28 22	17 28
38 32	27 38		25 20	14 25
42 · 4 Gag.			34 29	23 34
2			32 · 1 Gag. parce qu'il y a un pion forcé et qu'on fera une seconde dame.	
29 23	18 29			
30 24	19 30			
40 34	29 40		**5**	
39 33	28 39		24 19	13 24
38 32	27 38		26 21	17 26
42 · 4 Gag.			37 32	26 28
3			48 42	22 31
33 29	23 34		33 15 Gag. On le verra bientôt en continuant.	
21 17	11 22			
32 28	22 33		**6**	
38 49 Gag. les 2 pions blancs arrêtent les 2 noirs.			20 14	9 29
			32 28	23 21

Blancs.		Noirs.	
26 à 17		12 à 21	

34 • 3 Gag. Mais il faut encore jouer assez juste.

7

Blancs.		Noirs.	
39	34	40	29
27	22	18	27
32	21	16	27
38	32	27	38
42 •	2	Tout est pris.	

8

Blancs.		Noirs.	
23	19	14	23
39	34	40	29
38	33	29	38
32	43	21	32
37	6 Gag.		

9

Blancs.		Noirs.	
38	33	29	7
17	11	7	16
26	21	16	27

31 • 2 Gag. en prenant 7 pièces et allant à dame.

10

Blancs.		Noirs.	
34	30	25	32
16	11	17	6
21	16	32	21

26 10 On voit que cette partie sera gagnée.

11

Blancs.		Noirs.	
24	19	28	37
19	14	17	21
14	10	21	27
47	41	37 •	46

Blancs.		Noirs.	
10 à •	5	• 46 à 19	
• 5	21 Gag.		

12

Blancs.		Noirs.	
30	25	19	39
25	14	9	20
21	17	12	21
38	33	39	28

32 • 1 C'est gagné ; mais encore faut-il jouer juste. Les noirs jouent de 20 25

Blancs.		Noirs.	
29	24	3	9
• 1	23	21	27
•23	7	9	14
• 7	40	15	20
24	15	25	30
•40	7	30	35
• 7	34	13	19
•34	29	19	23
•29	31	35	40
•31	22	40	45
•22	50	14	19
37	32	19	23
32	27	23	28
•50	6	45 •	50
27	22	•50	17
6	22		

13

Blancs.		Noirs.	
35	30	24	35
29	24	20	18
38	32	37	28

33 11 Gag. les noirs ne pouvant aller à dame.

14

Blancs.		Noirs.	
22	17	11	22
12	7	1	12

Blancs.		Noirs.	
26 à 21		16 à 38	
33	42	24	33
39	10 Gag.		

15

Blancs.		Noirs.	
13	9	4	13
33	28	24	33
32	27	21	23
39	6 Gag.		

16

Blancs.		Noirs.	
34	30	35	24
32	28	23	32
43	39	32	34
40	9	13	4
22	11 On voit que c'est gagné.		

17

Blancs.		Noirs.	
27	21	26	17
28	23	17	19
37	32	13	22
30	24	19	30
35 • 2 Gag. on le voit.			

18

Blancs.		Noirs.	
37	31	27 • 47	
30	24	20	29
43	38	•47	33
39	17 Gag. on le voit.		

19

Blancs.		Noirs.	
29	24	19	30
31	26	22	33
26	21	28	37
39	6	30	39
44	33 On gagnera.		

20

Blancs.		Noirs.	
44 à 40		16 à 27	
37	32	28	39
40	34	39	30
35 • 2		18	22
29	23	27	31
23	18	22	13

• 2   35 Gag. La dame restant en place et les pions blancs arrêtant les noirs.

21

Blancs.		Noirs.	
11	7	1	21
32	27	31	33
38	40 Gag.		

22

Blancs.		Noirs.	
21	17	12	21
20	14	10	19
27	22	18	29
34 • 1 Gag.			

23

Blancs.		Noirs.	
20	14	19	10
39	34	40	29
38	33	29	38
32	43	21	32
37	6	18	27
6 • 1 Gag.			

24

Blancs.		Noirs.	
30	24	20	29
27	21	16	27
39	34	29 • 49	
46	41	•49	32
36	6 Gag.		

Blancs.	Noirs.
25	
28 à 23	18 à 40
39 34	40 29
33 24	20 29
38 33	29 27
31 • 4 Gag.	
26	
28 23	19 37
38 32	37 28
39 34	28 30
35 • 2 Gag.	
27	
26 21	17 26
28 17	12 21
37 32	26 30
35 • 2	
28	
26 21	17 26
29 23	18 20
37 32	26 39

Blancs.	Noirs.
40 à 34	39 à 30
35 11 Gag. en allant	
à dame.	
29	
26 21	17 26
33 28	23 32
47 41	•46 37
42 31	26 37
48 42	37 • 48
40 34	48 30
35 • 2	32 37
36 31	37 26
• 2 13 Gag.	
30	
27 22	16 36
34 30	18 27
30 24	20 29
47 41	36 • 47
43 38	•47 33
39 6 Gagné en jouant	
juste.	

Deuxième Partie.

Blancs.	Noirs.
31	
11 7	•46 19
34 29	25 23
7 • 2	23 28
• 2 24	28 32
•24 42	14 19
•42 15	19 23
•15 20	32 37
•20 14	23 29
•14 41	29 33

Blancs.	Noirs.
•41 32	33 39
•32 49 Gag.	
32	
37 31	36 27
12 8	•24 2
16 11	• 2 16
28 22	27 18
49 44	•16 40
35 22 Prend tout.	

Blancs.		Noirs.	
	33		
37 à 31		26 à	•46
47	41	•46	37
32	41	23	32
38	27	21	32
22	18	13	22
33	29	24	33
43	38	32	43
48	17	11	22
30	24	19	39
40	34	39	30
35 •	2 Gag. par la position.		

Blancs.		Noirs.	
	34		
21	16	29 •	49
26	21	35	24
32	28	23	34
17	12	6	37
12 •	3	•49	21
• 3	40 Gag. par la position.		

Blancs.		Noirs.	
	35		
27	21	•47	24
•50	17	16	27
•17	16 en prenant le pion 9.		
	Si	13	19
•16	2	19	23
• 2	7 Gag. on le voit.		

Blancs.		Noirs.	
	36		
28	22	18	40
22	18	12	23
47	41	36 •	47
39	34	40	29

Blancs.		Noirs.	
33 à 24		•47 à 20	
25 •	1 Gag. facilement.		

Blancs.		Noirs.	
	37		
•35	49	32	37
•49	38	37	41
•38	32	41 •	47
•32	10	15	4
20	15	•47	20
15	24	4	9
24	19 Gag.		

Blancs.		Noirs.	
	38		
22	17	16	27
44	40	45	34
35	30	34	25
33	29	23	34
37	31	27	36
17	12	• 1	46
43	39	34	32
42	37	32	41
8 •	2	9	13
• 2	35	4	9
•35	2	20	24
• 2	35	25	30
•35	4	14	19
• 4	18 Gag. en tenant la ligne.		

Blancs.		Noirs.	
	39		
•44	35	16	21
•35	19	6	11
•19	37	11	16
50	44	21	27
39	33	5	10
•37	5	16	21
• 5	10	21	26

Blancs.		Noirs.	
•10 à	5	26 à	31
• 5	10	31	36
•10	5	27	31
44	39	22	27
• 5	10	27	32
•10	26	36	41
•26	37	41	32
33	28	32	23
39	33 Gag.		

40

Blancs.		Noirs.	
31	27	21	43
34	30	43	14
29	7 Gag. par la po-		

sition.

41

Blancs.		Noirs.	
38	33	17	39
25	20	14	34
49	43	31	22
35	30	34	25
43 •	1 Gag. en jouant		

juste.

42

Blancs.		Noirs.	
41	36	37	28
25	20	24	15
36	31	26	37
47	42	37 •	48
39	33	•48	9
33 •	4	3	8
• 4	18 Gag. en gardant		

la ligne.

43

Blancs.		Noirs.	
•20	38	•13	36
•26	37	•36	47
•48	42	•47	36

Blancs.		Noirs.	
•37	41	•36	47
•38	15 Gag.		

44

Blancs.		Noirs.	
22	18	• 6	31
18	29	38	27
•25	48 Le reste est fa-		

cile à gagner.

45

Blancs.		Noirs.	
14	10	31	37
•35	19	37	42
•19	37	42	31
10	5 Gag.		

46

Blancs.		Noirs.	
28	23	19	28
27	22	28	37
47	42	37 •	48
39	34	•48	30
25	5 Gag.		

47

Blancs.		Noirs.	
34	30	23	32
30	8	3	12
27	38	16	27
31	24 Gag.		

48

Blancs.		Noirs.	
32	27	•46	21
• 6	39	5	14
•39	48	26	37
•48	49 Gag.		

49

Blancs.		Noirs.	
28	23	•19	6
•25	34 -		

50

Blancs.	Noirs.
21 à 17	•16 à 20
35 30	12 21
• 5 14	25 34
•14 4	15 20
• 4 15	20 25
•15 24	1 7
•24 29	·7 11
•29 33	11 16
•33 38	25 30
•38 43	30 35
•43 49	16 21
•49 16	35 40
•16 11	40 45
•11 50 Enfermé.	

51

Blancs.	Noirs.
48 42	37 39
47 41	36 •47
38 32	27 38
28 22	17 28
23 34	14 23
29 18	13 22
50 44	•47 20
25 • 1 Gag. en jouant	

juste, ce qui n'est pas difficile.

52

3 dames contre 1.

Blancs.	Noirs.
14 3	8 19
3 8	19 2
44 35 Gag.	

53

Blancs.	Noirs.
43 39	44 33
24 19	13 24

Blancs.	Noirs.
23 à 18	22 à 13
10 • 4	13 19
• 4 10 Gag. par la po-	

sition.

54

Blancs.	Noirs.
26 21	19 30
29 24	30 19
27 22	16 29
39 34	18 36
34 • 1 Gag. en gardant	

la ligne.

55

Blancs.	Noirs.
32 28	38 •49
19 14	•49 32
37 28	26 •46
14 • 5	•46 23
• 5 4 Gag.	

56

Blancs.	Noirs.
•26 42	14 19
•42 15	19 23
•15 20	32 37
•20 14	23 29
•14 41	29 33
•41 32	33 39
•32 49 Gag.	

57

Blancs.	Noirs.
32 28	7 12
28 23	11 17
31 27	1 7
37 31	7 11
31 26	11 16
23 19	12 18
19 14	18 23
14 10	23 29

Blancs.		Noirs.	
10 à	• 5	16 à	21
27	16	17	22
• 5	32	29	34
•32	49	34	39
26	21	22	28
16	11	28	32
•49	27	39	44
•27	18	44	• 50
21	17	•50	45
•18	1	45	50
11	6	•50	11
6	17 Gag.		

en jouant d'autre manière, les blancs la laisseraient remettre. On peut étudier encore cette fin de partie, on verra que toujours les noirs perdent.

58

24	19	23	14
42	37	•41	17
•15	4	17	12
• 4	7	1	12
6 •	1 Gag.		

59

14	9	4	13
37	31	•46	14
24	20	21	43
20	7	11	2
•48	6 Gag.		

par la position.

60

• 3	25	•16	49
47	41	•46	30
•25 à	48	45 à	34
•48	37	•49	40
35	44 Gag.		

61

3 dames contre 1.

37	19	3	20
41	47	20	3
·31	26	3	9
47	36	9	20
36	9	20	3
19	8 ·	3	12
26	8		

Si au 1er coup la dame noire jouait sur la ligne 3 à 26, on lui donnerait 2 dames et elle serait enfermée.

62

37	31	26	37
24	20	13	15
36	31	33	35
31 •	2	15	20
• 2	7 Gag.		

forcément en tenant la ligne et n'attaquant pas.

63

24	20	15	24
•31	48	•47	29
•48	34	•29	40
45	34 Gag.		

64

47	42	36	38
29	23	18	20
39	33	13	35
33 •	4 Gag.		

sans difficulté.

Blancs.	Noirs.
65	
17 à 12	7 à 18
49 44	40 • 49
14 25	•49 21
25 7	2 11
26	6 -

26 6 - Si les noirs jouent 5 à 10, le blanc dame et poursuit les deux pions jusqu'à ce qu'ils soient arrêtés dia-gonalement.

66

Blancs.		Noirs.	
35	30	24	44
34	30	25	34
33	29	23	28
29	49	28	32
49	43	12	17
31	27	32	21
43	38	21	27
38	33	27	32
33	29	32	37
29	23	37	41
23	19	41 •	46
19	13		

19 13 Remise quand les blancs semblaient perdus.

67

Blancs.		Noirs.	
31	26	•35	49
22	18	13	31
32	27	31	22
29	23	16	27
23	19	14	23
50	44	•49	29
37	32	27	38
42 •	2		

42 • 2 Gag. par la position.

Blancs.	Noirs.
68	
43 à 39	44 à 22
21 17	22 11
13 9	14 3
25 14	11 17
41 37	17 22
37 32	3 8
14 9	8 13
9 27	5 10
27 22	10 14
22 18	14 20
18 12	20 24
12 7	24 29
7 • 1	29 33
• 1 34 Gag.	

69

Blancs.		Noirs.	
28	23	19	28
29	23	28	19
17	11	6	17
27	22	16 •	47
22	24	•47	20
25 •	3 Gag.		

70

Blancs.		Noirs.	
• 1	7	•27	36
37	31	•36	27
24	19	13	33
23	19	14	23
• 7	14 Gag.		

71

Blancs.		Noirs.	
39	34	35	44
45	40	44	35
34	30	35	24
27	22	18	38
33	42	24	22

Blancs.		Noirs.	
16 à	9	14 à	3
25 •	5 Gag.		

72

Blancs.		Noirs.	
35	30	•36	50
38	33	25	45
43	39	16	21
48	42	21	27
42	37 Gag.		

73

Blancs.		Noirs.	
27	22	•50	17
22	18	12	32
• 3	25		

Le reste se voit; la dame prendra la ligne 9 à 36 et attendra.

74

Blancs.		Noirs.	
25	20	17	26
20	14	•16	46
14 •	5	•46	14
• 5	7	26	31
48	42	31	36
42	37 Gag.		

75

Blancs.		Noirs.	
38	33	•28	50
•47	29	•50	28
43	39	•28	50
•29	1	•50	28
49	44	•28	50
• 1	6 Enfermé.		

76

Blancs.		Noirs.	
38	33	• 7	16
33	28	23	32
26	21	•16	18
46	41	36	38
39	33	38	29

Blancs.		Noirs.	
34 à •	5	19 à	24
• 5	37 Gag. par la po-		

sition.

77

Blancs.		Noirs.	
27	21	25	43
38	49	18	29
41	37	16	27
37	32	27	38
49	43	38	40
45 •	1 Gag. en gardant		

la ligne.

78

Blancs.		Noirs.	
11	7	18	40
50	45	2	22
• 6	3	•26	8
• 3	17	10	14
45	34 Gag.		

79

Blancs.		Noirs.	
22	18	29	20
42	37	13	22
33	29	22	31
30	24	19	30
35 •	2 Gag. par la po-		

sition.

80

Blancs.		Noirs.	
• 2	24	•50	47
•24	42	•47	21
26	8 Gag. par suite.		

81

Blancs.		Noirs.	
37	32	•49	2
23	19	• 2	27
31 •	2 Gag. parce que		

le pion noir 21 va être pris.

Blancs.		Noirs.	

82

13	8	2	13
22	18	• 6	48
18	20	25	14
•39	25	•48	39
•25	48	14	19
48	34 Gag. en tenant		

la ligne.

83

3 dames contre 1.

10	15	47	36
19	24	36	4
24	47	4	22
14	9	22	4
47	36 Enfermé.		

84

12	8	3	12
49	44	40 •	49
•24	33	•49	41
•33	14	•41	10
15	4 Gag.		

85

45	40	15	24
39	34	30	39
22	17	11	33
27	22	18	38
31	27	21	32
37	28	33	22
36	31	26	37
41 •	1 Gag.		

86

•27	36	•19	32
•36	41	•32	46
10 •	4 Gag.		

87

8 •	3	• 9	25
30	24	•25	39
35	30	•39	25
24	20	•25	14
• 3	48 Gag.		

88

15	10	•42	13
23	19	•46	14
10	6 Gag. par suite.		

89

15	10	5	14
24	19	14	25
11	7	1	12
21	17	12	21
44	40	35	33
6 •	1	•48 à vo-	

lonté.

• 1 prend 6 pièces et gag.

90

29	24	20	40
39	33	•25	31
33 •	2	16	27
• 2	8	3	12
26	37	12	18
37	32	18	23
50	44	23	29
44	39 Arrête et gag.		

91

31	27	30	28
36	31	45	34
26	21	17	37
38	32	22	31
32 •	5	25	30

Blancs.		Noirs.	
• 5	à 46	30	à 35
50	45	31	36
•46	5 Gag.		

92

Blancs.		Noirs.	
39	33	29	18
45	40	34	45
17	11	•30	17
11	• 2	12	18
• 2	19	18	22
•19	32	25	30
•32	43	30	35
49	44	22	28
43	38 Gag.		

93

Blancs.		Noirs.	
44	40	45	43
32	28	43	23
22	17	•20	22
17	6 Gag. on le voit.		

94

Blancs.		Noirs.	
26	21	13	35
21	12	7	29
27	21	16	27
38	32	27	38
42	• 4 Gag. par suite.		

95

Blancs.		Noirs.	
11	7	•12	1
19	13	9	18
28	22	18	27
•50	45 Gag. Le reste		

se voit.

96

Blancs.		Noirs.	
48	43	16	27
28	22	17	•48

Blancs.		Noirs.	
37	à 31	•48	à 19
31	• 2 Gag.		

97

Blancs.		Noirs.	
7	• 2	36	41
• 2	19	41	• 47
34	30	•47	20
30	25	•20	3
19	14	• 3	20
25	14 Gag.		

Si la dame noire avait joué de 20 à 47, la dame blanche aurait joué de 19 à 24.

98

Blancs.		Noirs.	
24	20	15	33
30	24	19	39
42	38	21	43
40	34	39	30
48	6	30	34
50	44.		

La partie est gagnée par la position, mais il ne faut pas se presser de damer.

99

Blancs.		Noirs.	
37	31	26	37
27	21	16	27
18	13	19	8
28	23	29	18
50	44	39	•50
10	• 4	•50	11
• 4	16 Gag.		

100

Blancs.		Noirs.	
47	41	21	23
• 1	29	•13	47

Blancs.		Noirs.	
• 29 à 33		• 47 à 29	

34 • 5 Gag. en jouant juste. C'est assez diffi-cile, mais les noirs perdent.

101

46	41	36 •	47
32	27	• 47	13
27	36	•13	49
50	44	° 49	40

45 ° 1 Gag.

102

27	22	24	31
22	17	16	27
17	8	• 2	48
40	34	•48	30

35 • 4 Gag. en jouant juste.

103

24	20	15	24
27	22	16	36
45	40	18	27
28	22	27	18
47	41	36 •	47
39	34	• 47	29

34 • 5 Gag.

104

43	39	12	32
24	19	14	23
49	43	25	14
44	40	35	33
43	38	à volonté.	

48 10 Gag.

Blancs.		Noirs.	

105

36 à 31		37 à 26	
22	17	12	21

• 2 16 Gag.

106

46	41	•47	36
29	24	30	19
17	11	7	16
22	17	•36	13
17	11	16	7
28	22	•13	28

32 ° 1 Gag. en gardant la ligne.

107

19	13	• 1	40
13	8	3	12
33	29	•40	18
•47	36	•18	29
28	23	•29	18

•36 15 Gag.

108

•47	41	23	29
40	34	29	40
35	44	31	36
•41	23	21	26
44	39	26	31
39	33	27	32
•23	26	36	41
•26	37	41	32
33	28	32	23
48	43	23	28

43 38 Gag.

3.

Blancs.		Noirs.

109

36	31	•48	26
12	7	•26	45
11	6	2	11
6	17	Gag. par la position.	

110

49	43	16	27
44	39	33	35
43	38	à volonté.	
45	40	35	44
50	37	Gag.	

111

39	34	30	19
18	12	•25	18
12 •	1	Gag.	

112

24	19	15	13
38	33	35	24
37	31	26	37
48	42	37 •	48
46	37	•48	22
28	10	Gag. par la position.	

Les noirs donneraient 2 ou 3 pions pour renvoyer, qu'ils n'en perdraient pas moins.

113

•48	25	•14	46
•25	20	•26	33
•20	5	15	20
35	30	20	25
30	24	Gag.	

114

23	19	32	45
26	21	•15	17
11	22	13	35
22	15	Gag.	

115

42	38	19	30
47	41	36 •	47
49	44	•47	49
31	26	•49	21
26	6	Gag.	

116

50	44	39 •	50
•10	19	•50	31
•19	22	18	27
47	41	Enfermé.	

117

17	11	6	17

Prendre 29-40 serait perdu.

26	21	17	37
38	32	37	19
34 •	1	Gag.	

118

14	9	4	13
27	21	26	17
22	18	13	22
38	32	29	27
37	32	22	44
32 •	3 •		

Ce coup de blonde, consigné comme gagné, est joli ; mais les noirs pouvaient remet-

Blancs.		Noirs.	
tre la partie, ils de-			
vaient jouer de	7 à 12		
•3	6	2	7
50	39	7	11
6	20	15	24
et remise.			

119

Blancs.		Noirs.	
33	28	22	24
21	17	18	•49
17	10	•49	21
26	6 Gag.		

120

Blancs.		Noirs.	
30	24	11	31
24	20	16	29
20	14	23	41

14 • 5 Gag. parce que si les noirs font une dame, elle est prise forcément.

121

Blancs.		Noirs.	
29	33	28	10
33	37 Gagné le coup		

d'après.

122

Blancs.		Noirs.	
28	22	• 4	20
34	29	6	26
30	24 Gag.		

123

Blancs.		Noirs.	
28	22	•12	26
32	28	23	32
16	11	• 2	16
33	28	32	23
35	30	•16	49

Blancs.		Noirs.	
34 à 29		23 à 25	
48	42	•26	48
40	35	•49	40
45	34	•48	30
35	2 Gag.		

124

Blancs.		Noirs.	
• 3	9	• 4	13
•22	9	•24	19
• 9	25	•19	37
•25	48	•37	26
46	41	•26	3
27	21	• 3	26
41	37	•26	42

•48 37 Gag. La dame noire a dû attaquer le pion; car autrement, 1 contre 4, c'était perdu; mais les blancs ont trouvé le gain où la remise semblait certaine.

125

Blancs.		Noirs.	
22	18	• 6	14
24	19	•14	16
46	41	12	23
•43	49	•16	43
•49	26 Gag.		

126

Blancs.		Noirs.	
•18	1	•23	45
47	41	• 5	46
42	37	•46	50
• 1	6 Gag. enfermé.		

127

Blancs.		Noirs.	
29	24	30	19
39	33	38	29

Blancs.		Noirs.	
27 à 21		16 à 27	
31	22	18	27
37	32	27	38
48	43	38	40
45 •		1 Gag.	

128

36	31	24	42
44	39	•48	34
28	23	•34	36
8 •	3	•36	9
• 3		3 Gag.	

129

45	40	9	20
19	14	20	9
46	41	•47	36
17	11	16	7
48	43	39 •	48
40	35	•48	17
30	24	•36	30
35		4 Gag.	

130

36	31	•27 •	47
42	37	•47	50
43	38	15	24
38	33	•50	28
32 •		1 Gag.	

131

39	34	30	39
49	44	39 •	50
28	23	•50	17
47	41	37 •	46
27	21	•46	8
21 •		5 Gag. sans diffi-culté.	

132

Blancs.		Noirs.	
22 à 17		36 à 38	
28	32	•26	18
•32	49	12	21
•49		36 Gag.	

133

26	21	22	31
25 ·	20	14	23
33	28	16	38
43	32	19	30
28		6 Gag. par la po-sition.	

134

33	29	26	28
•23	41	•16	13
•41	36	12	21
•36		2 Gag.	

135

38	33	29	38
49	43	38	49
8	3	•49	21
26		6 Gag. On voit que la dame noire sera prise.	

136

27	21	19	28
48	42	37	39
29	23	28	19
30	24	19	30
25	43	14	19
43	39	19	23
39	33	11	16
21	17	Gag. que les noirs donnent 6 ou 16.	

Blancs.	Noirs.
137	
29 à 24	30 à 28
21 17	12 21
26 17	• 8 48
20 14	6 17
39 33	°48 9
33 4 Gag.	
138	
13 9	4 22
25 20	15 33
•47 31	•36 7
• 1 5 Gag.	
139	
47 42	36 38
29 23	19 28
24 20	15 35
17 12	•25 17
12 • 3	45 34
• 3 26	
ou 39 Gag.	
140	
28 23	29 27
•50 22	27 18
30 24	•16 49
35 30	•49 35
30 25	•35 19
20 14	9 20
25 • 1 Gag. parce que les blancs feront 2 dames.	
141	
41 37	9 18
37 31	26 39
27 22	18 38

Blancs.	Noirs.
17 à 12	7 à 18
28 22	18 27
21 5 Gag.	
142	
44 41	•47 36
27 21	17 26
49 43	•36 18
28 23	19 · 48
30 6	°48 30
35 22 Gag. par le nombre.	
143	
44 40	• 4 31
•50 39	16 29
•39 43	45 34
•43 24 Gag.	
144	
37 31	26 37
18 13	9 20
27 21	• 4 30
35 • 4	16 27
•4 48 Gag. en jouant juste.	
145	
16 11	•26 12
27 21	•12 26
48 42	•26 48
39 34	•48 6
34 • 3	1 7
44 39	• 6 44
50 39 Gag.	

Blancs.		Noirs.	
146			
•26 à 21		•39 à 49	
•21	43	•49	20
15	24 Gag.		
147			
•32	27	31	22
23	19	•26	23
19	10 Gag.		
148			
40	34	29	40
•50	45	40	44
•45	50	44	•49
31	27	•49	21
26	17	11	22
•50	10	16	21
•10	4 Gag.		
149			
15	10	4	15
24	19	15	42
19	28	22	33
25	20	14	25
34	30	25	34
40	7 Gag.		
150			
29	23	18	20
28	22	•46	30
47	41	36	•47
17	12	•47	8
40	35	26	17
35 •	2 Gag.		

35 • 2 Gag. parce que les noirs sont forcés de donner un pion pour se dégager et que les autres ne peuvent se réunir.

Blancs.		Noirs.	
151			
37 à 31		26 à 37	
12	7	2	11
28	23	19	28
22	33	37	39
45	40	11	22
40	34	39	30
35 •	2 Gag.		
152			
1re MANIÈRE.			
28	22	•30	13
22	17	11	22
27	9	• 4	47
•33	15	•47	33
•15	33 Gag.		
2e MANIÈRE.			
28	22	•30	8
27	21	• 4	47
•33	22	•47	17
21	3 Gag.		
153			
49	44	•50	48
26	21	•48	17
19	14	20	9
• 4	13 Gag.		
154			
28	22	18	38
30	24	•36	30
35 •	2 Gag.		
155			
32	27	31	22
23	18	22	13

Blancs.		Noirs.	
10 à	•4	13 à	19
• 4	10	19	24
•10	15 Gag.		

156

Blancs.		Noirs.	
33	29	•18	48
25	20	•48	25
14	9	•25	21
9	7	1	12
26	6 Gag. sans ob-staclc.		

157

Blancs.		Noirs.	
41	37	29	9
37	32	27	29
30	24	29	20
25	•1 Gag.		

158

Blancs.		Noirs.	
27	22	17	28
37	32 26 ou 28	• 48	
45	40	•26	37
40	34	•48	30
•25	28 Gag.		

159

Blancs.		Noirs.	
13	8	•33	47
25	20	•47	15
37	32	27	38
34	29	•15	33
49	43	38	•49
18	13	•49	35
8	•2	35	8
• 2	2 Gag.		

160

Blancs.		Noirs.	
29	23	18	29
39	34	•50	31

Blancs.		Noirs.	
34 à	•1	16 à	27
26	37 Gag.		

161

Blancs.		Noirs.	
29	23 Si	6	17
27	21 va à dame le coup d'après.		
	Si	19	28
37	31	26	37
41	23	6	17
23	19	14	23
25	21 Gag. les blancs allant à dame sans opposition.		

162

Blancs.		Noirs.	
26	21	17	•46
24	19	13	44
40	49	•46	19
35	• 2 Gag.		

163

Blancs.		Noirs.	
27	21	16	36
26	21	19	28
29	24	30	19
39	33	•25	17
33	4 Gag.		

164

Blancs.		Noirs.	
37	32	28	•48
33	29	24	44
40	49	•48	30
35	11	17	6
21	17	12	32
31	27	22	31
26	10 Gag.		

Blancs.		Noirs.	

165

36 à 31		26 à 37
39	33	29	38
43	41	•47	36
34	30	25	34
40	18	36	13
•35	5 Gag.		

166

22	18	13	22
38	32	28	37
48	42	37 •48	
33	28	22	44
49	40	•48	30
35 • 2 Gag. par suite.			

167

24	19	13	33
35	24	20	27
47	41	36	38
43 • 1		33	22
16	7 Gag.		

168

•37	48	•22	47
18	13	21	25
13	24	•47	20
35	30	25	34
•48	3 Gag.		

169

16	11	• 2	16
22	18	13	31
•29	20	•16	29
•20	34 Gag.		

Blancs.		Noirs.	

170

18 à 12		• 3 à 17
32	27	21	32
•29	7	20	40
• 7	43	25	34
•43	21 Gag. en prenant		

le coup suivant la ligne
2 à 35.

171

35	30	24	44
29	24	20	40
45	34	16	27
34	29	23	34
33	28	22	42
31 • 2		42	31
• 2	50	31	37
43	38 Gag.		

172

48	42	38	36
27	22	9	27
31 • 2 Gag.			

173

17	11	22	33
44	39	•41	6
39	28	• 6	20
25	12 Gag.		

174

36	31	•22	36
26	21	16	27
47	41	•36	47
38	32	•47	20
32	25	27	32
48	42 Gag.		

175

Blancs.	Noirs.
29 à 24	17 à 8
27 22	16 18
47 41	•14 46
38 32	•46 29
34 • 5 Gag.	

176

Blancs.	Noirs.
23 18	12 23
22 18	23 12
13 9	4 13
41 37	•31 22
14 9	3 23
15 10	5 25
47 42	•26 48
49 43	•48 39
34 43	25 34
40 9 Gag. on le voit.	

177

Blancs.	Noirs.
•37 32	•23 5
43 39	• 5 14
15 10	•14 5
27 22	• 5 23
28 19	30 34
39 30	25 34
19 14	34 39
•32 49	7 11
14 9	11 17
22 11	6 17
9 • 3	17 22
• 3 25	22 28
•25 43	28 33
•43 39	33 44
•49 40 Gag. si les noirs	

jouent autrement, ils perdent plus tôt.

178

Blancs.	Noirs.
32 à 28	23 à 32
34 23	19 28
38 27	21 32
33 22	17 28
35 30	25 45
44 40	45 34
39 6 Gag. lors même	

que les noirs renver-
raient deux fois.

179

Blancs.	Noirs.
21 17	11 22
12 8	3 12
34 29	23 43
32 23	18 20
25 • 3	43 32
37 19 Gag.	

180

Blancs.	Noirs.
17 12	26 8
36 31	37 26
27 21	26 17
18 12	7 27
32 • 5 Gag. Le jeu	

étant disposé de manière
à prendre la dame noire
aussitôt qu'elle sera faite.

181

Blancs.	Noirs.
24 20	• 2 28
49 43	15 33
41 37	32 41
43 38	33 42
48 46 Gag.	

Blancs.	Noirs.

182

42 à 38	32 à 43
47 42	36 29
24 33	•13 28
10 • 5	15 24
• 5 49 Prend 9 pions	

et la dame. — La prise
est assez difficile.

183

33 29	24 33
23 18	22 13
11 7	1 12
25 20	15 24
32 27	31 22
42 37	41 32
43 38	32 ou 33
	42 ou 43
48 50 Prend tout.	

184

29 24	30 19
33 29	23 34
39 30	35 24
32 28	22 33
38 9	4 13
16 11	6 17
21 • 5 Gag.	

185

14 10	15 13
44 39	33 44
25 20	24 15
•47 50 Gag. en prenant	

le coup d'après la ligne
45 à 1.

186

27 à 22	28 à 17
16 11	17 6
37 32	38 27
26 21	27 16
15 10	5 14
34 29	23 34
44 39	34 43
49 7 Gag.	

187

24 20	15 22
26 21	18 29
21 17	12 21
16 18	13 22
30 24	29 20
25 • 1 Gag.	

188

42 37	22 44
49 40	30 • 48
41 36	• 48 31
36 18 Gag.	

189

28 22	18 36
37 31	36 27
32 21	16 27
30 24	29 20
39 34	40 29
38 32	27 38
42 22 Gag.	

190

| 28 23 | 18 38 |
| 30 25 | 17 28 |

Blancs.	Noirs.
25 à 20	14 à 25
27 22	28 17
39 33	38 29
34 • 1 Gag.	

191

Blancs	Noirs
39 34	35 44
45 40	44 35
34 30	35 · 24
22 17	21 12

Blancs.	Noirs.
32 à 27	31 à 33
38	7 Gag. on le voit.

192

Blancs	Noirs
28 22	6 28
32 23	18 20
37 31	26 37
48 42	37 • 48
39 34	·48 30
35 • 2 Gag.	

Troisième Partie.

QUI PERD GAGNE.

193

Blancs	Noirs
27 22	18 27
37 31	27 29
34 23	19 28
39 33	28 • 48
35 30	•48 25
39 43	•35 48
40 34 Perdu.	

194

Blancs	Noirs
32 28	22 33
38 29	24 33
42 38	33 31
41 37	31 42
43 38	42 33
44 39 Perdu.	

195

Blancs	Noirs
31 27	22 31
28 22	17 39
42 37	31 24

Blancs	Noirs
48 43	39 • 48
49 43	•48 45

Perdu, le pion 16 étant enfermé.

196

Blancs	Noirs
37 31	36 27
28 22	27 18
29 24	18 • 49
42 38	•49 46
24 20	15 24
35 30	24 35
44 39	35 33
47 41	•46 37
Perdu.	

197

Blancs	Noirs
18 12	7 18
27 21	18 29
34 23	19 28
37 32	28 • 46

Blancs.		Noirs.	
47 à 41		•46 à 16	
49	43	•16	35
45	40	•35	44

Perdu.

198

Blancs.		Noirs.	
37	31	28	26
36	31	26	37
48	42	37	•50
38	33	50	28
34	29	23	45
25	20	14	34
35	30	34	25

Perdu.

199

Blancs.		Noirs.	
24	20	15	24
27	21	17	26
37	31	26	•46
33	29	24	22
40	34	•46	49
39	34	•49	32
48	43	•32	49
50	44	49	47

Perdu.

200

Blancs.		Noirs.	
35	30	24	35
34	30	35	24
49	43	38	•49
40	34	•49	29
36	31	33	44
25	20	14	25
47	42	•29	36
45	40	44	35
31	26	•36	22
37	31	•22	36

Blancs.		Noirs.	
46 à 41		•36 à 47	
48	42	•47	16
26	21	•16	27

Perdu.

201

Blancs.		Noirs.	
38	32	29	27
39	34	22	33
35	30	24	35
34	30	35	24
44	39	33	35
36	31	27	36
47	41	36	38
48	42	38	•47
46	41	•47	36
37	31	•36	27
49	43	•27	49
50	44	•49	40

Perdu, le pion 26 étant enfermé.

202

Blancs.		Noirs.	
28	22	18	•47
34	30	24	44
29	24	20	29
33	24	44	33
38	29	•47	16
50	40	•	41
24	20	14	25

Perdu.

203

Blancs.		Noirs.	
24	19	13	24
28	23	18	29
32	27	21	32
38	27	19	•49
37	32	•49	35

Blancs.	Noirs.
50 à 44	•35 à 49
32 28	•49 21
31 27	•21 46
42 37	•46 23
47 41	•23 46

Perdu.

204

Blancs.		Noirs.	
34	30	24	35
44	39	35	44
29	23	18	29
33	24	44	42
50	44	20	29
31	26	42	22
32	28	22	33
44	39	33	44
26	21	17	26
36	31	26	37
48	42	37	•48

Perdu, le pion 16 étant enfermé.

FIN DE LA PARTIE
QUI PERD GAGNE.

ANALYSE

DES DEUX COUPS PORTÉS
SUR L'ÉTIQUETTE DU MANUEL APPELÉS
les Contraires.

Blancs.	Noirs.

205

Blancs.		Noirs.	
49 à 44		•24 à 15	
•37	48	26	•46
36	31	27	36
•48	37	32	41
29	23	18	38
39	33	28	30
40	34	30	39
44	42	•15	47
50	15 Gag.		

206

Blancs.		Noirs.	
12	8	3	21
13	8	19	30
15	10	5	14
28	22	27	18
43	38	42	33
8 •	3 Gag.